프란치스코 교황이 초대하는
이달의 묵상

미사

프란치스코 교황 지음 · 강대인 옮김

가톨릭출판사

WHAT POPE FRANCIS SAYS ABOUT EUCHARIST
ⓒ 2017 by Twenty-Third Publications / Bayard
1 Montauk Avenue, Suite 200, New London, CT 06320 USA

프란치스코 교황이 초대하는 이달의 묵상: 미사

2019년 12월 9일 교회 인가
2020년 1월 12일 초판 1쇄 펴냄
2020년 3월 25일 초판 2쇄 펴냄

지은이 · 프란치스코 교황
옮긴이 · 강대인
펴낸이 · 염수정
펴낸곳 · 가톨릭출판사
편집 겸 인쇄인 · 김대영

본사 · 서울특별시 중구 중림로 27
등록 · 1958. 1. 16. 제2-314호
전자우편 · edit@catholicbook.kr
전화 · 1544-1886(대표 번호)
지로번호 · 3000997

ISBN 978-89-321-1677-8 04230
ISBN 978-89-321-1676-1 (세트)

값 8,800원

가톨릭의 모든 도서와 성물을 '가톨릭출판사 인터넷쇼핑몰'에서 만나 보실 수 있습니다.
http://www.catholicbook.kr | (02)6365-1888(구입 문의)

교회 문헌 ⓒ 한국천주교중앙협의회

이 책의 한국어판 저작권은 (재)천주교서울대교구 가톨릭출판사에 있습니다.
저작권법에 의해 한국 내에서 보호를 받는 저작물이므로 무단 전재와 무단 복제를 금합니다.

이 도서의 국립중앙도서관 출판예정도서목록(CIP)은 서지정보유통지원시스템 홈페이지
(http://seoji.nl.go.kr)와 국가자료종합목록 구축시스템(http://kolis-net.nl.go.kr)에서 이용
하실 수 있습니다. (CIP제어번호: CIP2019050006)

프란치스코 교황과 함께하는 365일 묵상

프란치스코 교황이 초대하는
이달의 묵상

미사

프란치스코 교황 지음 · 강대인 옮김

가톨릭출판사

시작하는 글

"그리스도께서
우리 삶 속으로 들어오고자 하십니다."

최후의 만찬 이래로 성찬례(Eucharist)는 언제나 교회의 가장 소중한 보화가 되었으며, 가톨릭 신자들인 우리 삶의 원천이요 정점이 되어 왔습니다. 그러나 우리는 주일마다 판에 박힌 듯 해 오던 대로 미사에 참여하기가 쉽습니다. 성찬의 의미와 힘, 그 약속을 당연한 것으로 받아들이기도 합니다.

우리는 모두 평생 동안 성찬의 위대한 신비를 배우며 살아야 할 것입니다. 프란치스코 교황은 그렇게 하라고 끊임없이 권유하며 이렇게 말합니다.

*"성찬례는 그리스도께서 오시어
 우리를 은총으로 가득 채워 주시는 기회이므로,
 성찬례가 근본적인 성사입니다."*

 이 성체성사를 당연한 것으로 받아들이지 마십시오. 프란치스코 교황은 하느님이 우리에게 오시고 우리가 하느님의 사랑을 받는 사람으로서 응답하는 이 거룩한 행위에 눈을 떠야 한다고 거듭 촉구합니다.

 프란치스코 교황의 가르침을 바탕으로 미사, 곧 성찬례에 관한 30일 동안의 묵상 자료를 엮었습니다. 《프란치스코 교황이 초대하는 이달의 묵상: 미사》는 우리의 눈과 마음을 열어 줄 것입니다. 그리고 위대한 성찬의 신비를 거행하며 우리가 하는 모든 행위에 대한 새로운 의미를 찾아가는 여정이 될 것입니다.

목차

시작하는 글 … 4

1 상이 아닌 약 … 10

2 미사에 가는 이유 … 14

3 다른 사람들을 존중하기 … 18

4 서로 마주보기 … 22

5 주님, 저를 용서하소서. 제가 죄를 지었나이다 … 26

6 그리스도의 행위 … 30

7 생명과 친교를 위한 봉사 … 34

8 너희가 그들에게 먹을 것을 주어라 … 38

9 진정한 화해 … 42

10 이것이 길이다 … 46

11 너희는 훌륭한 역량을 지니고 있다 … 50

12 성찬의 선물 … 54

13 생명의 양식 … 58

14 예수님의 이름으로 행동하기 … 62

15 지금 여기에 현존하시는 주님 … 66

16 최대의 감사 … 70

17 모두 하나 되기 ··· 74

18 모두 나의 형제자매 ··· 78

19 참으로 풍요로운 삶 ··· 82

20 성찬의 사람 ··· 86

21 나누려는 의지 ··· 90

22 세상의 영적인 양식 되기 ··· 94

23 예수님의 상처를 알아보기 ··· 98

24 예수님 따르기 ⋯ 102

25 부자 되기 ⋯ 106

26 바로 처음부터 ⋯ 110

27 요람에서 무덤까지 ⋯ 114

28 모든 피조물을 아우르며 ⋯ 118

29 내어 주는 선물인 삶 ⋯ 122

30 사명을 받아들이기 ⋯ 126

1.

상이 아닌 약

우리는 완벽하게 살았다고

상을 받으러 미사에 가는 것이 아니라

우리에게 필요한 양식과

약을 받으러 갑니다.

†

　성찬례에서 우리는 거듭거듭 하느님의 얼굴을 마주 뵙고, 치유를 받고 천상 양식을 받아 모십니다. 성체는 선행에 대한 상이 아닙니다. 성체는 때때로 지치고 짓눌린 우리 영혼에게 다시 힘을 불어넣어 주는 양식입니다. 미사에 참여하는 목적은 하느님의 은총을 가득히 받는 것입니다. 하느님은 언제나 우리를 만나러 오시어 우리를 먹여 살리시고 굳건히 붙들어 주십니다.

묵상

- 치유가 필요하다는 의식을 갖고 미사에 참여하는가? 하느님께 오늘 받아야 할 양식은 무엇인가?

오늘의 다짐

기도

놀라운 신비의 하느님,

제가 겸손하고 두려운 마음으로

주님의 식탁에 나아가도록 도와주소서.

(주님의 기도, 성모송, 영광송)

오늘의 지향

2.

미사에 가는 이유

우리는 칭찬을 받기 위해서가 아니라

하느님의 힘을 얻으려고

미사에 참여합니다.

†

 미사에 가는 것은 성찬의 잔치를 실천하는 것이며, 이는 곧 '살아가는 것'입니다. 그러므로 우리는 전례에 적극적으로 참여해야 합니다. 우리는 저마다 필요한 요구와 희망을 안고 미사에 갑니다. 이는 당연한 것입니다. 그러나 공동체 안에서 모일 때에는 자신의 개인적인 지향보다는 공동체의 더 큰 지향을 지녀야 합니다. 우리 자신을 넘어서서 움직이는 은총을 간청해야 합니다. 우리가 성당에 들어올 때보다 더 충만한 믿음을 지니고, 가족들을 더 많이 사랑하며, 더 정직하고 바르게 살아가는 은총을 간청해야 합니다. 그래야 세상에 그리스도를 모셔다 줄 수 있습니다. 우리는 칭찬을 받기 위해서가 아니라 하느님의 힘을 얻으려고 미사에 참여합니다.

묵상

- 전에는 생각해 보지도 않았던 누군가를 위하여 미사 중에 기도할 수 있는가?

오늘의 다짐

기도

놀라운 신비의 하느님,

저를 도우시어, 제 요구를 미뤄 두고

하느님의 뜻을 이루려는 마음을 지니게 하소서!

(주님의 기도, 성모송, 영광송)

오늘의 지향

3.
다른 사람들을 존중하기

그리스도는 십자가 위에서

그분 자신을 내어 주셨습니다.

또한 성찬례에서 끊임없이 새롭게

그분 자신을 내어 주십니다.

†

　예수님은 다른 사람들과 함께하는 것을 즐기셨습니다. 예수님은 제자들을 사랑하셨으며, 예수님 주위에 모인 사람들을 사랑하셨습니다. 그분은 모든 사람 하나하나에게 관심을 기울이셨습니다. 예수님은 언제나 사람들이 지닌 온갖 문제와 꿈과 희망에서 힘을 얻어 움직이셨습니다. 그리고 무엇이 사람들의 마음을 움직이는지 아셨습니다. 미사에 참여할 때, 우리는 주위 사람들을 돌아봅니까? 하느님이 똑같이 사랑하시는 그 모든 사람을 바라봅니까? 예수님은 우리 모두를 너무나 사랑하셨기에, 우리를 위하여 돌아가셨습니다. 우리는 미사에 모일 때마다 이 사랑의 행위를 다시 기억합니다. 함께 모일 때에 우리가 해야 할 첫째 임무는 언제나 다른 사람들을 배려하고 존중하는 것입니다. 우리는 모두 하느님의 자녀입니다.

묵상

- 한번도 이야기를 나눠 본 적 없는 사람을 성당에서 알게 된 경험이 있는가?

오늘의 다짐

기도

놀라운 신비의 하느님,

제가 겸손하고 두려운 마음으로

주님의 식탁에 나아가도록 도와주소서.

(주님의 기도, 성모송, 영광송)

오늘의 지향

4.

서로 마주보기

미사에서 천상 양식을

받아 모시는 우리는

다른 사람들에 대한 무관심과 불평을

멀리해야 합니다.

우리는 언제나

다른 사람들을 도우며 살아가야 합니다.

†

교회가 그 일부를 이루고 있는 현실 세계를 바라봅니다. 어떤 사람들은 성당의 모든 일에서 흠집을 찾거나 험담을 즐깁니다. 성당의 장식, 성가, 강론, 주차장은 물론 다른 신자들에 대한 불평이나 험담을 늘어놓습니다. 이는 결코 있어서는 안 될 일입니다. 본당은 경제, 사회, 문화, 언어의 배경이 다른 사람들로 이루어져 있으며, 우리는 그들을 먹여 살리고자 미사 때 천상 양식을 받아 모십니다. 우리가 어떻게 이 부르심에 더 잘 응답할 수 있겠습니까?

묵상

- '갑옷'을 입고 성당에 가는가, 아니면 두 팔을 벌리고 가는가?

오늘의 다짐

기도

놀라운 신비의 하느님,

다른 사람의 잘못을 찾고 심판하려는

저의 충동을 고쳐 주소서.

다른 사람을 자비와 사랑의 눈으로 보도록

저를 도와주소서!

(주님의 기도, 성모송, 영광송)

오늘의 지향

5.

주님, 저를 용서하소서
제가 죄를 지었나이다

우리는 죄인이기에

하느님의 용서를 받고 싶어 미사에 참여합니다.

우리는 미사에서 예수님의 용서와 구원을

나누어 받습니다.

†

　우리가 미사 중에 가장 먼저 하는 일은 용서를 간청하는 것입니다. 말로만 용서를 비는 것이 아니라, 실제로 참회 행위를 하는 것입니다. 우리는 죄인들로서 겸허하게 미사에 가야 합니다. 그러면 주님이 우리를 용서해 주십니다. 참회에 따르는 강복은 화해의 위대한 행위입니다. 하느님과 이루는 화해만이 아니라 우리 모두가 서로 화해를 이루는 위대한 행위입니다. 그러니 얼마나 강력한 행위로 미사를 시작하는 것입니까! 용서하시는 하느님의 권능 앞에서 우리 자신의 죄를 인정하는 가운데, 모두 다 함께 미사에 더욱더 충만히 참여할 준비를 하는 것입니다!

묵상

- 주님이 이루어 주시는 화해를 얼마나 더 깊이 기리고 있는가?

오늘의 다짐

기도

놀라운 신비의 하느님,

하느님이 저에게 다가오시는 모든 길을 깨닫도록

저를 도와주소서!

(주님의 기도, 성모송, 영광송)

오늘의 지향

6.

그리스도의 행위

교회의 정체성과 사명은

바로 성찬례에서 흘러나옵니다.

†

 성찬례를 이루는 것은 우리가 아닙니다. 성찬례는 '우리'의 행위가 아니라 '하느님'의 행위입니다. 우리와 함께하시려고, 우리와 함께 사시려고 오시는 그리스도와 하느님의 행위입니다. 이는 전례를 우리의 일상생활과 연결시키는 것이기에 매우 중요합니다. 모든 일에서 그리스도처럼 행동하라는 부르심을 받아들일 때에, 우리는 날마다 끊임없이 전례와 연결되는 것입니다. 성찬례를 예식 지침에 따라 완벽하게 거행한다 하더라도, 그 예식에서 예수 그리스도를 만나지 못한다면, 그 예식은 우리의 마음과 우리의 삶에 어떠한 양식도 가져다주지 못할 것입니다.

묵상

- 전례를 나의 삶과 의식적으로 연결시키고 있다고 자신할 수 있는가?

오늘의 다짐

_____

_____

_____

기도

놀라운 신비의 하느님,

언제 어디에나 계시는 하느님의 현존을 깨닫도록

저를 일깨워 주소서!

(주님의 기도, 성모송, 영광송)

오늘의 지향

7.

생명과 친교를 위한 봉사

예수님이 그분의 연민과 사랑으로

우리에게 은총을 베풀어 주시고,

우리 죄를 용서하시며,

우리를 끌어안으시고 사랑하실 때,

예수님은 이 모든 것을 다 완전하게 하십니다.

†

"모두 배불리 먹었다." 예수님이 빵 다섯 개와 물고기 두 마리로 오천 명을 먹이신 이야기를 묵상해 봅니다. 사람들은 육체적인 양식보다 훨씬 더 많은 것을 받았습니다. 사람들은 그리스도의 사랑과 연민을 가득히 받았으며, 그리스도의 은총으로 충만해졌습니다. 가진 것을 나누어 주라는 예수님의 말씀에 같이 있던 제자들도 깨달음을 얻었습니다. 우리도 그리스도의 몸을 받아 모시는 영성체를 할 때마다 이러한 차원의 배부름을 깊이 새겨야 합니다. 이 넘치는 은총을 다른 사람들과 함께 나누려고 하는지 말입니다.

묵상

- 영성체를 할 때 하느님의 사랑과 은총으로 충만해지는 걸 느끼는가?

오늘의 다짐

기도

놀라운 신비의 하느님,

하느님이 날마다 저를 먹여 살리시는

모든 방법을 깨닫도록 저를 도와주소서!

(주님의 기도, 성모송, 영광송)

오늘의 지향

8.

너희가 그들에게 먹을 것을 주어라

주님이 우리의 욕구를 채워 주십니다.

그러나 주님은 우리가 모두

참으로 당신의 자비에 참여하기를 바라십니다.

†

예수님은 빵과 물고기를 많게 하는 기적을 일으키셨습니다. 굶주린 채 지쳐 있는 모든 사람을 그냥 집으로 돌려보내실 수가 없었기에, 인간의 커다란 욕구를 채워 주시는 사랑과 자비의 기적을 일으키신 것입니다. 이는 마술의 속임수가 아닙니다. 실제로, 예수님은 그러한 기적을 일으킬 수 있는 힘을 당신 제자들에게 주십니다. 이렇게 하여, 모두 하느님의 계획 안에서 해야 할 일이 있다고, 모든 사람을 알아보고 먹이고 돌보는 일을 확실하게 해야 한다고 말씀하십니다. 우리를 신뢰하시는 하느님을 믿을 때, 위대한 일들이 일어날 수 있습니다.

묵상

- 하느님이 자신을 신뢰한다는 것을 믿고 있는가?

오늘의 다짐

_____

_____

_____

기도

놀라운 신비의 하느님,

하느님이 저를 언제나 다른 사람들에게

하느님의 빛을 가져다주도록 지으셨음을

기억하도록 도와주소서!

제가 기꺼이 다른 사람들에게

하느님의 빛을 비추는 길을 가르쳐 주소서!

(주님의 기도, 성모송, 영광송)

오늘의 지향

9.

진정한 화해

우리가 거행하는 성찬례는

우리를 조금씩 조금씩 그리스도의 몸으로

우리 형제자매들을 위한

영적 양식으로 변화시킵니다.

†

 모든 곳에 사는 우리 형제자매들의 요구를 도외시한 채 그리스도인이 된다는 것은 불가능합니다. 우리가 성찬의 은총을 진지하게 받아들인다면, 우리는 다른 사람들과 더욱더 깊은 관계를 맺을 수 있습니다. 우리가 주님의 식탁에서 배불리 먹을 때, 우리는 모든 곳에서 모든 사람과 좋은 양식을 나눌 수 있는 주님의 힘과 은총으로 충만해집니다. 예수님은 모든 사람에게 다가가시고자 하시기에, 신앙인 한 사람 한 사람은 자비의 일꾼이 됩니다. 예수님 안에서 사는 우리 삶을 통하여, 우리는 하느님의 조건 없는 사랑을 펼쳐 나갑니다.

묵상

- 그리스도의 몸을 이루는 지체가 된다는 것이 나에게는 어떤 의미가 있는가?

오늘의 다짐

기도

놀라운 신비의 하느님,

제가 마음을 열어 하느님의 은총을 받아들이고

기꺼이 담대하게 모든 사람과

그 은총을 나누게 하소서!

(주님의 기도, 성모송, 영광송)

오늘의 지향

10.

이것이 길이다

예수님은 많은 군중을 보시고

가엾은 마음이 드시어

빵을 많게 하시고 그들을 배불리 먹이셨습니다.

예수님은 성찬례를 통하여

우리에게도 그리하십니다.

†

우리가 미사에 참여할 때마다 예수님이 빵과 물고기를 많게 하신 기적이 일어납니다. 우리는 힘들고 지친 나날을 지낸 뒤에 산자락에서 양식을 찾고 있는 군중입니다. 은총의 말씀에 굶주린 군중인 것입니다. 다음 주간에는 더 나은 제자가 되리라는 희망으로 새로운 힘을 모을 기회를 찾고 있는 군중입니다. 우리는 때때로 별생각 없이 앉아 있습니다. 그저 삶의 의미를 찾는 데 도움이 되는 무엇인가를 받거나 듣고자 할 뿐입니다. 예수님은 그런 우리의 요청을 들으시고 응답해 주십니다. 예수님이 우리를 치유하시고 먹여 살리십니다. 기적은 계속됩니다.

묵상

- 미사 때 무엇을 받고자 하는가?

오늘의 다짐

기도

놀라운 신비의 하느님,

제가 하느님의 말씀을 듣고 하느님을 뵙게 해 주시어,

하느님의 사랑을 증언하도록 저를 도와주소서!

(주님의 기도, 성모송, 영광송)

오늘의 지향

11.

너희는 훌륭한 역량을 지니고 있다

연대가 우리의 핵심이 되어야 합니다.

세상이 이 말을 싫어하더라도,

하느님이 우리의 보잘것없는 역량을 쓰시도록

내어 드리는 연대의 힘이 우리의 삶을

풍요롭게 해 줄 것입니다.

†

우리는 매일의 일상 속에서 부족한 것이 많다고 느끼기가 쉽습니다. 그러나 우리가 하는 모든 일에서 성찬의 삶을 생각한다면 얼마나 더 풍요로워지겠습니까? 예수님이 빵과 물고기를 많게 하신 기적을 생각해 봅니다. 예수님의 제자들도 음식이 부족하다고 여겼지만 군중을 풀밭에 자리 잡게 하고 빵 다섯 개와 물고기 두 마리밖에 안 되는 빈약한 음식을 그 많은 군중에게 나누어 줄 수 있었습니다. 모두 함께 일할 때 우리는 더 강해집니다. 개인의 모든 재능이 공동선을 위하여 더욱더 강력한 힘을 지니게 됩니다. 예수님이 우리를 먹이실 때마다 그렇게 하셨듯이, 그분은 언제나 우리에게 필요한 것을 주실 것입니다.

묵상

- 부족하다는 생각이 들 때조차 여전히 하느님이 나를 사랑하신다고 믿는가?

오늘의 다짐

기도

놀라운 신비의 하느님,

언제나 하느님이 저와 함께 계신다는 것을

기억하도록 저를 도와주소서!

(주님의 기도, 성모송, 영광송)

오늘의 지향

12.

성찬의 선물

예수님은 성찬례에서 당신 자신을

우리의 양식으로 내어 주십니다.

우리가 이 선물을 믿고 받아 모실 때,

이는 우리 삶을 하느님께 바치는 선물로,

또 우리가 만나는 모든 사람에게 주는 선물로

변화시킵니다.

†

성체를 모실 때마다, 하느님이 우리에게 현존하십니다. 우리가 바치는 빵과 포도주가 성령을 통하여 그리스도의 몸과 피로 변화되고, 바로 그렇게 우리도 더욱더 충만하게 그리스도의 몸으로 변화됩니다. 성체는 우리를 먹여 살립니다. 그리고 세상에서 하느님의 일을 하도록 힘을 북돋워 줍니다. 하느님이 주시는 선물은 우리 안에서 충만해져 하느님께 되돌려 바치는 우리의 선물이 됩니다. 이 선물은 결코 우리가 온전히 이해할 수도 없고 보답할 길도 없습니다. 그러나 우리는 더욱더 깊은 감사를 드릴 수 있고, 이 선물을 하느님의 더 큰 영광을 위해 쓸 수 있습니다.

묵상

- 그리스도가 우리를 위하여 성찬례에서 무엇을 해 주시는지 얼마나 자주 생각하는가?

오늘의 다짐

기도

놀라운 신비의 하느님,

성찬례에서 우리에게 주시는

하느님의 위대한 선물을 깨닫도록

저를 도와주소서!

(주님의 기도, 성모송, 영광송)

오늘의 지향

13.

생명의 양식

생명의 빵을 받아 모시고 살아갈 때

우리는 그리스도의 마음과 하나가 됩니다.

†

2천 년 가까이 성체에 대한 신학적 성찰과 영성 지도가 이루어졌지만, 우리는 성체의 신비에 대해 여전히 잘 알지 못합니다. 그래도 자신이 바로 생명의 빵이라고 밝히신 예수님의 말씀을 처음으로 들었던 사람들도 그랬다는 것을 생각하면 위로가 됩니다.

영성체 예식에서 생명의 빵을 받아 모실 때, 우리는 예수님의 신적인 생명을, 그분의 생각과 행동을, 그분의 처신과 선택을 받아들입니다. 예수님은 바로 그 일이 우리 책임이라고 말씀하십니다. 우리가 해야 할 일은 오직 믿는 것입니다.

묵상

- 예수님이 요구하시는 일을 할 각오가 되어 있는가?

오늘의 다짐

기도

놀라운 신비의 하느님,

감사를 드리면서도 두려움이 앞섭니다.

저를 도와주소서!

(주님의 기도, 성모송, 영광송)

오늘의 지향

14.

예수님의 이름으로 행동하기

생명의 빵을 받아 모신다는 것은

우리가 평화와 용서와 화해를

이루는 사람이 된다는 것입니다.

✝

　예수님은 우리 자신만을 위해 쌓아 놓으라고 당신 자신을 내어 주시는 것이 아닙니다. 이 선물은 하느님의 사랑으로 충만한 사람이 되도록 우리를 변화시켜 줄 것입니다. 권력이나 지배를 탐내는 사람이 아니라 자비와 연민으로 행동하는 사람이 되도록 변화시켜 줄 것입니다. 그리고 우리는 혼자서 그렇게 하지 않습니다. 다른 사람들과 함께 그 길을 걸어갈 것입니다. 우리는 공동체 안에서 연대하여 우리의 마음과 목소리를 드높여야 합니다. 평화와 용서와 화해는 오늘의 세계에서 인기가 없는 말입니다. 나약함을 지닌 것처럼 들리기 때문에 그렇습니다. 그러나 이는 예수님 삶의 원칙이기에, 우리의 힘을 북돋워 줍니다. 예수님이 바로 평화와 용서와 화해의 모범이십니다.

묵상

- 화해를 위하여 어떻게 노력하고 있는가?

오늘의 다짐

기도

놀라운 신비의 하느님,

저를 하느님의 영으로 가득 채우시어,

제가 기뻐하며 하느님의 일을 하게 해 주소서!

(주님의 기도, 성모송, 영광송)

오늘의 지향

15.

지금 여기에 현존하시는 주님

성찬례는 개인 기도나
아름다운 영적 체험이 아닙니다.
예수님의 죽음과 부활을
현존하게 하는 예식입니다.

†

　미사는 예수님이 최후 만찬에서 하신 일만을 기억하는 예식이 아닙니다. 미사 때마다 우리는 예수님의 죽음과 부활에 참여할 뿐만 아니라 모든 일에서 그분의 삶을 따르라는 부르심을 받아들입니다. 그분 자신을 영원한 선물로 내어 주신 예수님의 참된 몸과 피를 받아 모십니다. 우리는 성체를 흠숭만 하려고 받는 것이 아닙니다. 성찬례는 우리에게 '행동'하라고 합니다. 주님의 강복과 은총이 필요한 모든 사람에게 온 힘을 다해 주님의 복음을 전하라고 촉구합니다.

묵상

- 하느님의 말씀을 들어야 하는 사람을 알고 있는가? 하느님의 말씀을 제대로 전할 수 있는가?

오늘의 다짐

기도

놀라운 신비의 하느님,

하느님이 저를 어디로 이끄시든

하느님의 부르심을 따를 수 있는

용기와 힘을 주소서!

(주님의 기도, 성모송, 영광송)

오늘의 지향

16.

최대의 감사

성찬례는 우리를 사랑하시어

당신 아드님을 내어 주신

하느님 아버지께 드리는

가장 드높은 최대의 감사 행위입니다.

†

　성찬례라는 말은 본디 '감사'를 뜻합니다. 성찬례는 예수님이 당신 자신을 내어 주시는 선물입니다. 예수님은 최후의 만찬에서 사도들에게 처음으로 선언하셨습니다. 그들이 먹고 마시는 빵과 포도주가 자신의 몸과 피라고 말입니다. 이는 예수님과 함께하는 연대 의식을 보여 주는 더없이 좋은 길입니다. 우리가 그분의 제자로서 해야 할 헌신을 보여 주는 것입니다. 우리는 주님을 받아 모실 때마다 하느님께 감사와 찬미를 드립니다. 성찬례가 사랑으로 우리 자신을 내어 주라고 이끌 때마다 하느님께 감사와 찬미를 드려야 합니다.

묵상

- 어떻게 해야 예수님을 더 닮을 수 있는가?

오늘의 다짐

기도

놀라운 신비의 하느님,

하느님의 무한한 사랑과 자비를 깨닫고 본받도록

저를 도와주소서!

(주님의 기도, 성모송, 영광송)

오늘의 지향

17.

모두 하나 되기

미사에서는 말씀과 양식이 하나가 됩니다.

십자가의 희생 제사를 앞당겨 보여 주시는

예수님의 모든 말씀과 표징이

빵을 떼어 나누고 잔을 함께 마시는 몸짓으로

응축되어 드러납니다.

†

    하느님의 말씀이신 예수님이 당신 제자들에게 "받아먹어라. 받아 마셔라."라고 하신 그 순간에 대해 묵상해 봅니다. 그 하나의 행동에서 말씀과 양식이 합쳐집니다. 예수님의 존재 자체와 예수님이 하시는 모든 일이 하나가 됩니다. 그렇게 하나가 된 것을 우리에게 내어 주시는 것입니다. 미사 때마다 우리가 이를 되풀이할 때, 예수님은 우리에게 성당 밖에서도 그렇게 살아가라고, 서로서로 희망의 말씀과 표징과 양식으로 먹여 살리라고 요구하십니다.

묵상

- 미사 때에 듣거나 기도하는 말씀으로 삶이 조금이라도 바뀌었는가?

오늘의 다짐

기도

놀라운 신비의 하느님,

제가 말을 할 때마다

제 말이 곧 하느님의 말씀이 되게 해 주소서!

(주님의 기도, 성모송, 영광송)

오늘의 지향

18.

모두 나의 형제자매

우리는 미사 때 온갖 사람들을 만납니다.

젊은이들과 나이 든 사람들,

가난한 사람들과 부유한 사람들,

그 지방 사람들과 낯선 사람들이 보입니다.

이 사람들이 모두 나의 형제자매들입니까?

†

　미사 때 하는 우리의 행동을 곰곰이 되새겨 봅시다. 미사에서 가장 중요한 것은 우리가 모두 함께 그리스도의 '한' 몸으로 변화되는 것입니다. 또 예수님이 당신 자신을 내어 주시듯이 우리 자신을 내어 주도록 부르심을 받는다는 것입니다. 다음에 미사에 참여할 때 주위를 한번 둘러보십시오. 전에 보지 못하던 사람이 있습니까? 누가 주일마다 미사에 나옵니까? 그 사람이 흔히 어디에 앉습니까? 그 사람은 다른 사람을 위하여 자리를 내어 줍니까? 당신도 그렇게 합니까? 일치와 봉사를 위한 이 부르심이 너무 힘들게 보이면, 하느님은 유능한 사람들을 부르지 않으신다는 사실을 기억하십시오. 하느님은 부르신 사람들에게 힘을 주십니다.

묵상

- 성당에 새로 온 사람이나 낯선 사람들을 얼마나 따뜻하게 맞이하는가?

오늘의 다짐

기도

놀라운 신비의 하느님,

제 주위의 모든 사람에게서 드러나는

하느님의 얼굴을 뵙도록 저를 도와주소서!

(주님의 기도, 성모송, 영광송)

오늘의 지향

19.

참으로 풍요로운 삶

우리는 미사 때 그리스도께서

우리의 삶을 변화시키시도록 해 드립니까?

당신 자신을 내어 주시는 주님이

우리가 점점 더 주님과 다른 사람들을 사랑하고

함께 나누며 자신을 내어 주도록

이끌어 주십니까?

†

미사는 우리를 자비와 사랑이 넘치는 사람으로 변화시켜 줍니다. 그것이 바로 미사의 힘입니다. 예수님은 우리 안에서 움직이시며 우리를 변화시키시고 우리 마음을 열어 주시어, 아무도 우리를 낯설고 무시해도 되는 부당한 사람으로 여기지 않게 해 주십니다. 우리는 이러한 주님의 뜻을 따라야 합니다. 주님께 받은 사랑을 모든 사람과 함께 나누어야 합니다. 이렇게 하여 다른 사람들을 위한 성찬의 양식이 될 때 우리는 주님과 결합하는 것입니다. 우리를 변화시켜 주는 선물 그대로 성찬의 양식을 받아 모시는 것, 이것이 참으로 풍요로운 삶으로 나아가는 열쇠입니다.

묵상

- 오늘 하느님의 사랑을 나누기 위해 무엇을 하려는가?

오늘의 다짐

기도

놀라운 신비의 하느님,

저에게 변화될 수 있는 힘과 용기를 주소서!

(주님의 기도, 성모송, 영광송)

오늘의 지향

20.

성찬의 사람

그리스도인은 계약을 기억하고

거행하는 사람입니다.

†

　그리스도를 따르는 그리스도인은 '기억'하는 사람입니다. 이는 우리가 신앙의 이야기나 가르침을 회상할 뿐만 아니라 그 이야기와 가르침을 실천한다는 말입니다. 하느님이 우리와 모든 형제자매들에게 생명을 주신 그 선물을 깨닫고 받아들이고 기린다는 뜻입니다. 그리스도인은 하느님과 영원한 계약을 맺은 사람입니다. 언제나 하느님이 우리와 맺으신 계약을 기억하고, 하느님의 뜻을 찾고 따르며, 그 계약에 따른 책임을 이행하는 사람입니다. 하느님은 우리가 불완전하다는 것을 아십니다. 그러므로 자비롭게도 우리에게 성찬의 선물을 주시어 언제나 그분 아드님의 인격 안에서 깊은 사랑을 일깨워 주십니다. 이는 경축해야 할 일입니다!

묵상

- 오늘 하루 동안 하느님을 기억하는 시간을 얼마나 가졌는가?

오늘의 다짐

기도

놀라운 신비의 하느님,

오늘 하루의 모든 일에서

하느님께 영광을 드리는 길을 찾도록

저를 도와주소서!

(주님의 기도, 성모송, 영광송)

오늘의 지향

21.

나누려는 의지

가난한 사람들에게 자비를 베풀지 않거나

가진 것을 나누지 않고서

미사에 참여하는 사람은

예수님의 행동을 따르지 않는 것입니다.

†

　성찬의 희생 제사는 다름이 아니라 예수님이 우리를 위하시는 사랑으로 자신의 목숨을 내어 주시는 것입니다. 이 위대한 선물을 받아 모실 때에, 우리는 가난한 사람들, 궁핍한 사람들, 집 없는 사람들, 버림받은 사람들, 병자들, 사회에서 무시하는 사람들을 돌보아야 할 의무를 깨닫고 받아들이라는 부르심을 받습니다. 예수님이 우리를 위하여 하신 일을 우리는 다른 사람들을 위하여 해야 합니다. 다른 사람들을 사랑하고, 받아들이며, 도와주고, 그들의 인생 여정에 함께하며, 그들을 위하여 희생하는 사랑을 실천해야 합니다. 이를 깨닫지 못한다면, 우리는 예수님의 길을 따르지 않는 것입니다.

묵상

- 성체를 모신다는 것은 어떤 의미인가?

오늘의 다짐

기도

놀라운 신비의 하느님,

제가 하느님께 받은 복을 되갚아 드릴 수 없사오니,

하느님의 이름으로 그 복을

다른 사람들에게 베풀도록 저를 도와주소서!

(주님의 기도, 성모송, 영광송)

오늘의 지향

22.

세상의 영적인 양식 되기

그리스도와 함께 친교를 이루며 산다는 것은

일상생활을 소홀히 하거나 멀리하는 것이 아니라

주위에 있는 모든 사람에게

더 가까이 다가가는 것입니다.

†

성찬의 희생 제사를 이해하고 그 안에서 임무를 찾는다는 것은 예수님이 무슨 일을 하셨는지 그저 생각만 해 보는 것을 넘어서는 것입니다. 우리가 예수님과 다른 사람들과 함께 친교를 이루어 갈 때, 우리 자신은 세상을 위한 영적인 양식이 됩니다. 우리가 이 부르심을 진지하게 받아들인다면, 성찬례에서 예수님을 만날 때마다 다른 사람들을 섬기는 봉사에 더 많이 열리게 됩니다. 예수님은 모든 곳에 계시고자 하십니다. 예수님은 당신 제자들인 우리를 통하여 모든 곳에 계실 수 있습니다. 빵과 물고기로 군중을 먹이셨듯이, 우리를 움직이시어 날마다 우리 주위에 있는 수많은 사람들을 배불리 먹여 살리고자 하십니다. 우리는 그 기적에서 한 몫을 하라는 부르심을 받고 있습니다.

묵상

- 다른 사람들을 섬기라는 부르심을 받아들일 자세가 되어 있는가?

오늘의 다짐

기도

놀라운 신비의 하느님,

제가 하느님의 부르심이 지닌

위대함과 단순함을 모두 깨달아

그 부르심을 제대로 실천하도록 도와주소서!

(주님의 기도, 성모송, 영광송)

오늘의 지향

23.

예수님의 상처를 알아보기

예수님의 상처를 알아보고

알려야 합니다.

†

　우리는 미사에서 예수님의 몸을 흠숭하며, 사람들 안에서 예수님의 상처를 봅니다. 우리가 모두 예수님의 상처이며, 특별히 가난하고 궁핍한 사람들이 예수님의 상처입니다. 이 모든 상처들이 정의와 자비를 부르짖고 있습니다. 성찬례에서 예수님의 몸과 피를 받아 모신 우리는 그 상처를 치유해야 할 책임이 있습니다. 그리스도인은 예수님의 상처를 알아보는 사람입니다. 예수님이 빵과 포도주의 형상 안에 감춰 계시듯이, 그렇게 우리와 모든 형제자매들 안에 감춰 계시며 또 현존하고 계십니다. 우리가 얼마나 많은 상처를 입고 있는지는 문제가 되지 않습니다. 예수님과 맺는 친교는 우리에게 모든 사람과 함께 연대하여 일어서라고 요구합니다.

묵상

- 예수님의 얼굴을 찾아본 건 언제인가?

오늘의 다짐

기도

놀라운 신비의 하느님,

제 눈을 열어 주시어 순간순간마다

하느님을 알아뵙게 해 주소서.

(주님의 기도, 성모송, 영광송)

오늘의 지향

24.

예수님 따르기

예수님은 성찬의 신비 안에서 매 순간

우리의 삶은 우리 자신의 것이 아니라

하느님과 다른 사람들에게 내어 드려야 할

선물이라는 것을 일깨워 주십니다.

†

성찬례에 참여하는 것을 주님과 친밀하게 만나는 개인적인 만남이라고 해도 지나치지 않습니다. 예수님은 조건 없는 사랑을 보여 주시어 우리 삶이 제대로 잘 써야 하는 선물임을 일깨워 주십니다. 우리는 삶을 한갓 소유물처럼 다루어서는 안 됩니다. 하느님께 받은 삶은 함께 나누어야 할 선물이며, 다른 사람들에게 나눠 줌으로써 하느님께 되돌려 드려야 하는 것입니다. 이러한 희생은 왜 그래야 하느냐고 이유를 묻기 전에 우리에게 "예"라고 응답하도록 요구합니다. 그 목적지를 묻지 않고 다른 사람과 동행하는 것에 동의하라고, 할 수 있는 것이면 무엇이든 도움을 주라고 요구합니다. 이처럼 우리는 다른 사람과의 상호작용을 통해 하느님의 일을 하는 것입니다.

묵상

- 도움이 필요한 사람이 곁에 있는가? 그 사람을 어떻게 도울 수 있는가?

오늘의 다짐

기도

놀라운 신비의 하느님,

언제나 저를 믿어 주시는 하느님의

거룩한 신뢰를 깨닫게 해 주소서.

(주님의 기도, 성모송, 영광송)

오늘의 지향

25.

부자 되기

성찬례는 섬김과 나눔을 하면

하느님의 힘으로 부자가 될 수 있음을

깨닫도록 도와줍니다.

†

하느님의 힘은 사랑의 힘입니다. 그리고 이러한 사랑은 우리가 다른 사람들을 위한 성찬이 되도록 힘을 북돋워 줍니다. 우리가 가진 것이 빵 몇 개와 물고기 두어 마리에 지나지 않는 보잘것없는 것이라 하더라도 무수한 군중을 배불리 먹일 수 있습니다. 하느님은 우리를 끊임없이 놀라게 하시는 연대의식 안에서 언제나 우리와 함께 계십니다. 십자가의 희생 제사를 통해, 그리고 성찬례 안에서 이루어지는 모든 만남 안에서 실제로 하느님은 우리와 매우 가까이 계십니다. 이러한 사실을 생각해 보면, 아무런 두려움 없이 예수님의 길을 따를 수 있다는 것을 깨닫게 됩니다. 아마도 하느님은 우리가 돕는 이웃 사람의 얼굴에서 우리 눈에 보이도록 매우 뚜렷하게 드러나실 것입니다. 하느님은 언제나 우리와 함께 계십니다.

묵상

- 예수님과 만나는 곳은 어디인가?

오늘의 다짐

기도

놀라운 신비의 하느님,

제가 오늘 모든 곳에서 모든 사람 안에서

하느님을 뵙게 해 주소서.

(주님의 기도, 성모송, 영광송)

오늘의 지향

26.

바로 처음부터

하느님은 언제나 교회 안에

생생하게 현존하십니다.

하느님, 저희 공동체가 하느님의 뜻에 따라

사랑과 친교를 이루게 하소서.

†

우리는 예수님을 따르며 다른 사람들을 위한 성찬이 되어 주라는 소명을 받았습니다. 이러한 소명을 받아들이겠다는 의지는 첫영성체 때부터 발전시켜야 합니다. 첫영성체 준비는 철저하고도 적극적으로 이루어져야 하며, 어린이들이 첫영성체가 삶을 바꾸는 첫걸음이라는 것을 깨닫기 시작해야 합니다. 바로 이 순간이 '강렬한 소속감을 가지고 그리스도께 향하는 첫걸음'입니다. 어린이들이 주일마다 스스로 성덕과 봉사로 부르시는 소명을 받아들이는 생활을 하도록 어른들은 그 소속감을 강화시켜 주어야 합니다.

묵상

- 첫영성체에 대해 어떤 기억을 갖고 있는가? 영성체를 할 때마다 첫영성체의 기억이 어떤 영향을 주었는가?

오늘의 다짐

기도

놀라운 신비의 하느님,

제가 하느님을 받아 모실 때마다

하느님을 찬양하게 하소서.

(주님의 기도, 성모송, 영광송)

오늘의 지향

27.

요람에서 무덤까지

성찬례를 통하여

예수님과 구체적인 친교를 이루며 살아갈 때

우리는 이미 죽음에서 생명으로

건너가기 시작한 것입니다.

†

　세 가지 입교 성사, 곧 세례, 견진, 성체성사는 모두 그리스도인에게 평생 동안 효력을 미칩니다. 그 하나하나의 성사에서 우리는 그리스도의 죽음과 결합되어 그분 안에서 새로운 생명으로 다시 살아납니다. 세례와 견진성사는 한 번만 받지만, 성체성사는 거듭거듭 받을 수 있습니다. 그것은 좋은 일입니다. 우리는 인간이므로, 우리가 다른 사람들을 위하여 살아가야 하는 존재임을 성찬례를 통하여 늘 일깨워 주어야 하기 때문입니다. 우리가 죽은 다음에 부활하는 그날까지, 일생 동안 해 온 이 영성체가 무엇이었는지를 온전히 깨닫게 되는 그날까지, 살아가는 내내 우리의 삶이 다른 사람들을 위한 삶이라는 것을 일깨워 주어야 합니다.

묵상

- 성찬례에 참여하며 영원한 삶을 어떻게 준비하는가?

오늘의 다짐

기도

놀라운 신비의 하느님,

저에게 부활하리라는 하느님의 약속을 일깨워 주시어

죽음에 대한 공포를 없애 주소서!

(주님의 기도, 성모송, 영광송)

오늘의 지향

28.

모든 피조물을 아우르며

성찬례는 하늘과 땅을 결합시킵니다.

성찬례는 모든 피조물을 아우르고

그 안에 깊이 스며듭니다.

†

 예수님이 성찬례 안에서 우리에게 당신 자신을 내어 주시고, 우리가 받은 그 선물을 일상생활에서 다른 사람들에게 전해 줄 때, 땅과 하늘을 합치는 동그라미가 완성됩니다. 이것은 우리의 초점을 넓혀 줍니다. 우리는 우리의 행동을 지역적인 차원, 곧 우리 가족과 우리 주위에서 살아가는 사람들로부터 시작할 수 있습니다. 그러나 우리의 소명은 온 지구로 넓혀져야 하고, 고통과 곤경 속에서 살아가는 모든 형제자매들을 끌어안아야 합니다. "성찬례는 …… 우리가 모든 피조물의 관리자가 되도록 이끌어 줍니다"(회칙 〈찬미받으소서〉 236항).

묵상

- 지구를 공동의 집으로 삼고 있는 모든 사람과 그 지구를 돌보기 위하여 더 많은 일을 할 수 있는 방법은 무엇인가?

오늘의 다짐

기도

놀라운 신비의 하느님,

제가 하느님의 모든 피조물을 찬양하도록

도와주소서!

(주님의 기도, 성모송, 영광송)

오늘의 지향

29.

내어 주는 선물인 삶

성체 안에 계시는 예수님의 현존은

내어 주시는 삶이며

우리가 함께 나누어 모시는 삶입니다.

우리는 그 빵을 받아 모시며,

우리 자신의 삶을 내어 주는 선물로 바꾸겠다고

다짐합니다.

†

예수님은 성찬례 안에서 우리에게 오십니다. 우리보고 자신의 삶을 다른 사람들에게, 그중 특히 가장 가난하고 궁핍한 사람들에게 선물로 내어 주라고 오십니다. 미사 끝 파견 때 하는 권고는, 우리가 받은 선물을 가지고 가서 다른 사람들과 함께 나누라는 명령입니다. 우리가 영혼의 양식을 배불리 먹고 새로운 목적으로 충만해져 성당 건물을 나서는 그 순간, 우리가 발 딛고 있는 그곳이 바로 우리의 감사 기도, 우리의 성찬례가 날개를 다는 자리입니다. 예수님이 우리를 위하여 그분의 생명을 내어 주셨듯이, 우리도 다른 사람들을 위하여 그렇게 해야 합니다. 우선 작은 일부터 시작하는 것이 가장 좋습니다. 때로는 뜻밖의 인사나 따뜻한 미소가 그 무엇보다도 좋은 시작이 될 것입니다.

묵상

- 주님의 몸을 어떻게 모실 것인가?

오늘의 다짐

기도

놀라운 신비의 하느님,

모든 사람에게 하느님의 얼굴을 되비추어 주려는

목적과 힘으로 저를 가득 채워 주소서!

(주님의 기도, 성모송, 영광송)

오늘의 지향

30.

사명을 받아들이기

성찬례 안에서 우리는 예수님과 만납니다.

우리가 모든 사람들에게

하느님의 사랑을 보여 주어

세상을 변화시키라는 사명을 받아들일 때

예수님과 우리의 만남은 세상을 위한

희망의 원천이 됩니다.

†

성찬례에서 예수님과의 만남을 받아들인다는 것은 성령의 힘으로 '우리가 만나는 분의 모습'으로 변화되겠다고 나서는 것입니다. 이렇게 두 방향으로 오가는 길이 성찬례입니다. 우리는 우리가 하는 일이 온 세상과 한 사람 그리고 그 사람의 인생을 한꺼번에 변화시킬 수 있다고 확신하게 될 것입니다. 예수의 성녀 데레사는 이를 제대로 밝혔습니다. 그리스도는 몸이 없다고, 오직 우리만이 세상에서 그리스도의 일을 하는 몸을 지니고 있다고 하였습니다. 우리가 성찬례에서 언제나 배불리 먹으리라는 것을 알았으니, 이제 희망과 기쁨을 안고 우리의 소명을 계속해 나갑시다!

묵상

- 언제나 함께 계시는 하느님의 현존을 느끼려고 노력하는가?

오늘의 다짐

기도

놀라운 신비의 하느님,

저에게 충만한 용기와 확신을 주시어,

제가 하느님의 자비와 사랑을 전하게 하소서.

(주님의 기도, 성모송, 영광송)

오늘의 지향

일러두기

이 책은 프란치스코 교황님이 하신 말씀을 편집하여 묶은 묵상집입니다. 교황님이 하신 말씀의 문맥을 살려 편집한 내용이므로, 교황님이 직접 하신 말씀과는 차이가 있을 수 있습니다.